기러기떼 비행

기러기떼 비행

박병금 시집

세종출판사

시인의 말

두 번째 시집을 낸다
매일매일 가보지 않은 새로운 길,
미지의 세계를 상상하며
무한 질주하기를 꿈꾸었다

그러나 살아보니 조금은 알겠다
천의무봉 같은 특출함 보다는
낯설지 않고 소소한 평범한 일상의
삶이 더 값지고 소중하다는 것을

겨우내 묵은 옷을 벗어내고
연록의 말간 밑그림을 그리는 봄 산처럼
언제나 초심으로 독자들의 마음에
잔잔히 스며들고 싶다.

2014년 봄

박 병 금

| 차례 |

시인의 말 5

| 해설 | 풋풋한 서정, 알토란같은 내공 • **정영자** 115

제1부 징검다리

봄, 낙동강 15

터널식 자동세차장에서 16

미용실 풍경 17

연필을 깎으며 18

징검다리 19

익숙하다는 것에 대하여 20

저 강물이 풀릴 때까지 21

지금은 황사 경보 중 22

가을이었군요, 내 몰랐습니다 23

이사 24

폭염 25

곡우 즈음 26

오를 길이 있다는 것은 27

나의 구월은 28

가을 코스모스, 목이 긴 이유 30

제2부 틈

35 틈
36 독이 때로는 약이다
38 빨래를 한다
39 꽃 진 자리
40 우리 동네 통장님
41 우거지를 삶다가
42 고송古松
43 쑥캐는 아낙들
44 매화꽃 구경 가다
46 강변 산책로를 걸으며
47 가을도둑
48 복어 해장국
50 가지다듬기
51 단풍
52 봄을 읽다

제3부 봄바람

숏대 55

그리움 56

사랑 57

그대야, 봄이로구나 58

봄바람 59

산 위에 서면 · 1 60

산 위에 서면 · 2 62

산 위에 서면 · 3 63

낙엽비 64

시월의 밤은 65

밤꽃 66

갈바람 불고 67

선운사 상사화 68

국화꽃 연정 69

기러기떼 비행 70

제4부 맛있다, 노을빛

73 티슈를 뽑으며
74 쉰 살, 그리고
76 메밀꽃 일다
78 속을 비운다는 일
79 진정한 배려
80 파꽃
81 맛있다, 노을빛
82 우리 할머니
84 휴일 아침에
86 산나물 캐러 갔다가
87 꿀벌에 쏘이다
88 양지꽃
89 해운대 바닷가
90 낙동강 하구에서
92 감기

제5부 매봉 가는 길

담쟁이 95

송도의 추억 96

여름 오후의 풍경 98

매봉 가는 길 99

가창오리떼의 군무를 보다 100

가덕도 갈맷길 102

대항마을 103

소쇄원에서 104

가덕도 사람들 105

등대는 외롭지 않다 106

범방삼층석탑에서 108

지하철 구포역에 서면 110

여정 · 1 112

여정 · 2 113

여정 · 3 114

제1부

징검다리

봄, 낙동강

풀빛 머금은 봄물 저편
바람결에 몸을 던지는 벚꽃 가지마다
눈꽃 송이처럼 하얗게
풀잎을 물들이는 저 꽃잎을 보라

은 비늘 눈부신
둑길을 걷다 보면
흑백필름처럼 드문드문
스쳐 지나가는 그때 그 친구

강물 위 그림자로 투영되는
해묵은 키 큰 갈대를 보면
멀대 같던 그 아이 생각나
괜히 꽃무덤에 툭툭 발길질만 하였다

벚꽃잎 칸타빌레 음표로 쏟아지는
봄, 낙동강
곱 다시 기다림으로 만난 너는
햇살 보드라운 봄이었다.

터널식 자동세차장에서

기어를 중립으로 하고
브레이크에서 발을 떼세요
시동은 걸려있고 차는 움직이고
나는 본능적으로 브레이크를 밟는다
그럴 때마다 안내원은
브레이크에서 발을 떼라고만 한다
가감 없는 중립의 상태에서
조금씩 바퀴는 굴러 캄캄 굴 안
숨조차 쉴 수 없다
쏴, 사방에서 물줄기 뿜어내는 소리
브러쉬 부딪히는 소리
어둠은 세상 땟물에 적당히 젖어 있는
나를 마구 공격하며 달려든다
스르르 건조기 내려오는 소리
드디어 한 줄기 환한 빛
내 몸속 절은 땟물이 말끔히 씻겨나가고
반질반질 차창 위로
정갈한 풍경이 내려앉는다.

미용실 풍경

머리 위에다 저마다 삶의 징표 하나씩 얹었다
부실한 상품 잘 다듬어서 진열대에 줄을 세우듯
분홍 웨이브로, 노란 염색으로
변신 중인 사람들

윙윙 헤어드라이기 돌아갈 때마다
굴곡진 생의 잔주름이 반듯반듯 펴지고
째깍거리는 가위질 소리에
가슴 속 옹이마저 싹둑싹둑 잘려져 나간다

너와 나 살아가는 모습이 다르듯
머리 모양 또한 다양한 사람들

출입문을 여닫는 간격이 빨라지는 만큼
능수능란해지는 미용사의 손놀림에서
새로운 오늘이 재단되고 있다.

연필을 깎으며

껍질을 벗겨 내면
조금씩 드러나는 실체
세상의 모든 중심부는 깊숙한 곳에 있다
사그락사그락 흑심을 싸고 있는
숲의 한 자락을 더듬으며
태초의 발아 지점을 찾아 나선다
변방의 어느 계곡 사이
빛과 바람, 새 소리 풀벌레 소리 들으며
제 몸을 담금질하던 온갖 새들과 짐승들을
키우며 살아왔으리라
실핏줄 같은 계곡 물이
바다의 대동맥이 될 때까지
숲 이끼 새파랗게 초록 이야기 꿈꾸었으리
머리기사로 며칠을 오르내려야
어렴풋이 드러나는 안갯속 실체처럼
겹겹이 심을 싸고 있는
나무껍질을 벗겨 내면 깊숙한 그 어디쯤
숲의 이력이 보일까
무뎌진 칼날이 자꾸 미끄러진다.

징검다리

걸림돌이 될까 봐
지나가는 바람에도 비켜서
길을 내어주곤 하던 너를 생각했지

낮은 소리로 흐르는 개울물이 등을 토닥이고
피라미떼 곁에서 놀다 가기도 하지만
반쯤은 늘 물에 잠겨 있는 젖은 생
바싹 햇볕에 말려보고 싶은
생각이야 왜 없겠는가

한 발 한 발 디딤발 내딛으며
멀다 싶으면 몸을 조금 움츠렸다
다시 활짝 가슴을 펴고 건너가면
너의 넓은 가슴처럼
잔잔한 물결 하늘을 품곤 하지

단단한 등뼈 하나로
서로에게 단절된 생각을 이을 수 있다면
그래서 너와 내가 조금 더 가까워질 수 있다면
젖은 생이라 하여 그리 슬프지만은 않으리

익숙하다는 것에 대하여

익숙하다는 것은 편안하다는 것이다
내 한 몸과도 같아
무심코 내쉬는 공기의 소중함을
잊고 사는 것처럼

오랜 세월 한솥밥 먹고 살다 보면
말하지 않아도 서로의 눈빛으로
마음을 읽기도 하지만
익숙함이라는 편안함 때문에
넘지 못할 오해의 벽을 만들기도 한다

무의식중 내가 그 찻집으로 들어선 것은
만인으로부터 굄을 받는 아름다움에
수시로 드나들곤 하였던
익숙함 때문이었으리라

오늘도 느릿느릿 완행열차가 강변 간이역
목가적인 마을 풍경을 갉아먹듯 지나가고
이따금 촌로의 사람들이 잔잔히
햇빛에 반짝이는 윤슬을 등지고 걸어간다.

저 강물이 풀릴 때까지

우리 참기로 하자
그리움이 솜사탕처럼 번져와도
저 강물이 풀릴 때까지
꾹꾹 눌러 참아 보자

그래 참아 보는 거야
보고픔이 신새벽 서릿발처럼
내 목을 조여와도
버들강아지 새 움틀 때까지
애써 참기로 하는 거야

산들바람이 산등성이 구름처럼
조용히 내 가슴에 닿는 그 날
기다림의 아픔이 즐거웠노라고
웃으면서 말할 수 있을 때까지

꾹꾹 눌러 참기로 하자
꽃샘추위가 아무리
우리의 발목을 가로막아도
버들강아지는 피고 말 테니까.

지금은 황사 경보 중

봄에 내린 황사 경보는
여름이 지나고 가을, 겨울
다시 봄이 와도 해제되지 않았다
봄의 불청객 황사 바람이
한반도 전역을 휩쓸고 지날 테니
외출을 자제하고 마스크를 착용해 달라는
기상 캐스터의 말이 아니어도
꾹 눌러쓴 모자에
산에서도 공원에서도 만나면 섬뜩한
안면 마스크로 눈동자만 데굴데굴
누가 누군지 도무지 알 수 없는
뿌연 안개 제국의 세상
살아남기 위한 그들의 몸부림인가
도심의 빌딩으로 총총 들어선 사람들은
미세먼지 속 비가 오는지 눈이 오는지
꽃눈을 틔웠는지 만개하여 떨어졌는지도 모르는
황사 경보는 여전히 발령 중인데
내일이면 빠져나가겠지
이 나라 젊은이들의 발목까지 꽁꽁 묶어 놓은
황사 경보는 지금까지도 해제되지 않았다.

가을이었군요, 내 몰랐습니다

가로수 은행잎이 노랗게 물들어가고
옷가게 마네킹이 철 따라
새 옷을 갈아입는 동안에도
나는 몰랐습니다

노점상 햇과일이
즐비하게 길바닥을 채색하여도
갈바람에 서걱서걱 서글프다 울고 있는
억새의 작은 몸짓에도
나는 몰랐습니다

새벽종 소리 같이 맑고 투명한
가을 하늘을 보는 순간
점점이 새털구름 저 먼 데서부터
불그레 노을빛 물들어오고 있음을

아침저녁 오소소한 바람에
내 신경통이 도지고 귀밑머리 희끗희끗
윤기를 잃어가고 있음을 안 어느 날
아! 가을이었군요, 내 정말 몰랐습니다.

이사

휑한 눈 끔뻑이며 장승처럼 서 있다
묵은 세간을 정리하고
고층 아파트로 이삿짐을 옮기며
발걸음 쉬 놓지 못함은
그간 온갖 풍상을 겪으면서도 수 세월
나와 내 가족의 안식처였던 곳에 대한
아쉬움 때문만은 아니리라
조용한 밤이면 멀리서 들려오는
희미한 개 짖는 소리
후두두 소나기라도 듣는 날이면
코끝으로 훅 달아오르는 진한 흙먼지 내음
가을 새벽이면 시작되는
남새밭 풀벌레들의 합주
이 모든 것이
낮은 울타리에서만 누릴 수 있는 특권이었다
남의 집인 듯 익숙지 않은 고층아파트에서
오지 않는 잠을 청하며
아무렇지도 않은 듯 저 홀로 무덤덤
아파트 창을 넘나드는 싸늘한 달빛 아래
눅눅했던 내 젊은 날의 기억 까슬하게 말려본다.

폭염

소리 없이 교전 중이다
잉걸로 타오르는 불덩이가
화염을 쏟아내면
강물은 펄펄 끓는 용광로
옥수수 대는 하얗게 타들어 가고
호박넝쿨은 사지를 비틀며 오그라든다
전쟁통에 사람이 죽어가고
다른 한쪽에선 새 생명이 태어나듯
소리 없는 교전 중에도
담 너머로 인동초 꽃이 피고
배롱나무꽃이 피고
산더덕 꽃이 피고 지고

곡우 즈음

밤새 내린 비바람에
벚꽃잎 하얗게 떨어지고
화사한 봄꽃들이 앞다투어
훈풍과 애무한다
변덕스러웠던 바람 잦아들면
계곡 물 흘러 마른논을 적시고
응달진 밭이랑에도
파릇한 새순이 돋는다
만물이 소생하는 연록의 세상
땅심 밟고 선 고목에도,
물푸레나무 우듬지 끝 삭정이에도
모세혈관 솟구치는
곡우 즈음이면
겨우내 웃자란 내 안의 군상들
반듯하게 가지치기하여
세상 누군가의 가슴에
초록 비로 곱게 스며들고 싶다.

오를 길이 있다는 것은

턱밑까지 차오르는 숨
깊은 들숨으로 가라앉히며
산마루에 앉아
뒤돌아보는 길은 아득하다

내 앞만 보며 잠시도
쉬지 않고 달려왔던 길이었거늘
저토록 장엄하고 기개 넘치는
시절이 있었던가

나무를 흔들고 지나는
바람처럼
결국은 모두를 두고 떠나갈 것을
등짐 풀어놓고
뒤돌아본 길은 실로 아름답다

정상이 가까울수록
참기 힘든 고통은 연속되지만
앞으로 오를 길이 있다는 것은
내게 새로운 희망이다.

나의 구월은

구절초 설핏한 바람에
낯 붉어지는 구월은
새벽 귀뚜라미 소리처럼
맑은소리로 맞이하게 하소서

아침저녁 오소소한 바람에
사르르 내 몸을 감싸는
홑이불처럼 야단스럽지 않게

깊이도 알 수 없는
그리움이 물들어 나뭇잎 떨어져도
빨간 코스모스보다 더 진한 사랑을
노래하는 구월이게 하소서

더없이 높푸르던 하늘
뒤돌아보면 노을빛 내려앉는 강가에서
사는게 그런거라고 그런거라고
손사래치는 억새의 작은 몸짓처럼

초저녁별 싸늘히 내려앉는 구월
내 뜨거웠던 지난 여름날을 회상하며
풀벌레 소리에 밀려오는 진한
고향의 향수 흠뻑 느끼게 하소서.

가을 코스모스, 목이 긴 이유

맑은 햇살이 창호에 번지는 아침
문 열고 밖을 내다보니 오늘도
바람이 놓고 간 조간신문이 펼쳐지네

싱그러운 아침 햇살이 일면을 장식하고
실구름 뭉게구름 새털구름….

무심코 보아 넘긴 이 사소한 일상이
어느 때부터인가
매일 아침 반겨 드는 조간신문보다 더
특별함으로 다가오는 것은

예전에는 보지 못했던
산너머 흘러가는 구름, 구름 위의 푸른 창공
비 온 다음 꽃과 나무의 활짝 핀 웃음,
그 뒤의 그늘처럼
가슴으로 전해오는 그리움 때문이었으리

가을 코스모스 목 놓아 하늘을 쳐다보는
길어진 목의 속내를 알 것도 같아서
나는 무시로 하늘을
쳐다보는 버릇이 생겼네.

제2부

틈

틈

반 보, 딱 반 보만큼의 함량 미달로
온전한 이름을 얻지 못하는 것들이 있다
개떡, 개양귀비, 개오동, 개머루….
그래서 부담없는 이 친숙한 느낌

개떡…. 얼마나 정감 어린 말이던가
맛은 조금 덜하지만
보릿고개 굶주린 내 배를 채워 주었으니

조금 모자라는 삶이 더 아름답다
만월보다는 이지러진 초승달이 더 애잔하고
만개한 꽃보다 덜 핀 봉오리가 매력적이듯
세상 사람들이 바라보는 나 또한
조금은 바보스러워도 좋겠다

바보온달이 귀한 사랑을 얻고
강함 보다는 부드러움이 세상을 녹이는 것처럼
빈틈 없는 사람보다는 실없는 사람이라 해도
바람 한 점 햇빛 한 줌
내 속을 들락거릴 수 있는 틈 하나쯤 만들고 싶다.

독이 때로는 약이다

복어는 적으로부터 자신을 보호하기 위해
테트로도톡신이라는 독을
토마토는 해충에서 구제받기 위해
토마토 칩이라는 알칼로이드를
감자는 솔라닌을
담배는 니코틴을 제각기 몸속에 지니고 산다

여름이면 산언저리를 노랗게 물들이는
숲의 요정 원추리는 고유의 독성분을 갖고 있지만
어린 순을 잘 다스리면 봄철
까칠한 입맛을 돋우는 원기 회복제가 되기도 하며

초록 숲이 내뿜는 피톤치드는
해로운 균을 죽이는 강력한 독성을 갖고 있지만
그 독성이 사람에게는 아편의 모르핀과 같이
유익한 명약이 되기도 하는 것처럼

맹독성이 갖는 이중성이
세상 여자들에게도 적당히 배어 있나 싶다
질투와 시샘으로 가득한 독기가
때로는 남자들의 마음을 사로잡는 명약이 되기도
때로는 그들의 약한 마음에 용기를 불어넣는
강장제가 되기도 한다.

빨래를 한다

두 손으로 싹싹 비비며
내 안에서 떨어지지 않으려는
묵은 때와 전쟁을 한다
모르는 사람들은 가끔
편한 자동세탁기 두고 왜
손빨래를 하느냐고 반문을 하기도 하지만
빨래판 위에서 쓱싹쓱싹 문지르기만 하면
오만가지 찌든 때가 하얀 거품과 함께
꾸르륵 하수구로 떠밀려가는
쾌감을 모르고서 하는 말
내 안에서 쉽게 떨어지지 않는
근심 걱정 보지 않아도 될 물상까지
다 떨쳐버리고 싶을 때면
대야에 가루비누 하얗게 풀어 넣고서
조물조물 빨래를 한다
뽀얗게 헹궈 낸 빨래 햇빛 따사로운 날
탈탈 털어 빨랫줄에 내다 널어 두고서
햇살 같은 미소 한 줌 조용히 던져 본다.

꽃 진 자리

그 깜깜한 어둠도
지그시 눌러 앉히던 환한 벚꽃,
자고 나면 사방에서 밀려오던
꽃 세상이
그저 때 되면 저절로
피고 지는 줄 알았다
비 온 뒤 꽃 진 자리
물 고인 바닥에
피고름인 듯 흥건히 고인 노란 상처
세상의 그 무엇 하나도
그저 되는 일은 없나 보다.

우리 동네 통장님

어디에나 열려 있는 중심으로
마음은 흐르고
하는 일마다 허방다리
그래도 좋아요 즐거워요
오늘은 신공항 유치 궐기대회
내일은 교통문화 캠페인
모레는 주민센터 회의 가는 날
남들은 통장이 밥 먹여주느냐며
하릴없이 보내는 시간이라지만
그래도 좋아요 즐거워요
메인 요리의 맛깔을 살려주는 약방의 감초
이리 가면 형님 동생
저리 가면 형수 누부야
발이 닳도록 허방에서 보내는 시간에도
골목길 탱자 꽃은 하얗게 피어 몽실몽실
그래도 좋아요 즐거워요
까만 서류 가방 하나 들고
늠름하게 들어서는 동 주민센터
지킴이 우리 동네 통장님

우거지를 삶다가

우거지를 삶다가 주걱으로
꾹 하나 눌러본다
너무 무르지도 단단하지도 않은 것이
적당히 익었다
젊은 시절의 남편
대쪽같이 꼿꼿하고 팔팔한 성품이
부담스러웠던 적 있었다
누가 뭐래도 그 고집 하나만은
쉽게 수그러들지 않을 것 같았는데
열기에 금세 풀이 죽고 마는 푸성귀처럼
지금 그 팔팔하던 패기는 어디로 갔는지
바람만 스쳐 와도
세상과 타협해 볼 겨를 없이
쉽게 접어버리고 마는
그렇지만 살아갈수록
야들야들해서 더 좋은 남편
이제 적당히 세상 나이 들었나 싶다.

고송古松

낙락장송의 꿈은
애초부터 허울이었더냐

바위틈에 발을 내렸으니
이리 틀리고 저리 뒤틀린 몸
다리 한 번 제대로 펼 수 없었던
그 마음이야 오직 아렸으랴

막막한 이 세상
절벽 위 천 년의 바람으로 서서
내 사랑하는 이의 가슴에
한 그루의 나무를 심는 마음으로

버릴 거 다 버리고
남을 것만 남아
얼기설기
땅 위로 드러난 성근 뿌리

쑥캐는 아낙들

햇볕 따사로운 봄날
아지랑이 피는 들길에서
꽃바람 부는 강둑길에서
아낙들이 무릎 꿇고 기도를 한다

세상 쓴맛 단맛 다 아는 사람들이
봄만 되면
삼삼오오 장소를 가리지 않고 모여서
사람 아닌 땅을 보며 머리를 조아린다

사람 위에 사람 없고
사람 밑에 사람없다 하였건만
저마다 제 잘난 맛에 사는 사람들
작은 들풀 하나만도 못함이었나

땅에 엎디어 있는 아낙들의 모습이
간절히 기도하는 사무엘이다.

매화꽃 구경 가다

네모난 집
네모난 식탁에서
네모난 깍두기를 먹고
네모난 버스에 올라

구슬같이 영롱한
매화 꽃 구경 간다

어릴 적 고향 마을 앞마당에
매화 두 그루 만발할 즈음
트럭 위 가득 쌓아 올린 짐처럼
꿈을 안고
도시로 떠난 여자

봄만 되면
꽃들이 잡아댕기는지 뭔지
당최 알 수는 없지만
미친 듯이 산으로 들로 꽃구경 간다

동구 밖에만 나서면 즐비했던
개나리 벚꽃 대신
아파트 앞마당에는 각진
주차선 위로 늘어선 차량의
냉랭한 연무를 마시고 사는 사람들이

꽃그늘 아래서나마
서로의 각을 부비며
꽃 같은 마음 다독이려
매화꽃 구경 간다.

강변 산책로를 걸으며

포장 길을 따라 걷노라면
노랑꽃창포 줄지어
억지웃음 소리를 내며 여울에서 요란하다
스쳐 지나치는 젊은이의 이어폰에서는
Nobody 노바디 Nobody
아이 손잡고 가는 어머니는 백설공주 얘기 대신
M·O·U·S·E 마우스 마우스
눈을 돌리면 저 건너 높은 빌딩에는
번쩍번쩍 알 수 없는 꼬부랑 글 일색
꽃을 보고 흐르는 물소리를 듣고 있어도
내 머릿속에는
노바디 노바디 노바디
마우스 마우스 마우스
노랑머리 키 큰 남자가 슬쩍 비켜 가기만 해도
내 가슴은 여전히 철렁 내려앉기만 한데
어디로 갔나
물잠자리, 소금쟁이, 버들치
오동통 살 오른 누런 미꾸라지
코스모스가 양 길을 열어주는 초저녁의 낙동강변
예나 지금이나 휘영청 달빛은 그대로인데 말이야

가을도둑

물 젖은 개가
후두둑 몸을 털 때마다
나뭇잎 우우 떨어지네요
킁킁 땅에다 코를 묻고서
하늘 한 번 올려다봤을 뿐인데
누가 먼저랄 것도 없이
뒤꽁무니 감춘채
신발도 신지 않고 뛰쳐나가는
저, 저, 저놈 봐라
가을도둑!

복어 해장국

어릴 적 내 친구 동수 아버지는
종종 술에 취해 물 젖은 종잇장처럼
바닥에 쓰러져 계시곤 하였는데
그때마다 아주머니는 복엇국을 사오셨다

독을 제거한 시원한 국물 맛은
야들야들한 콩나물과 어울려
꽉 막힌 속 체증 풀리듯 훑고 지나가는
힘든 삶 살이 술기운으로나마 버티고 싶었던
친구 아버지는 그 맹독성의 후련함을
알고 계셨던 것이다

복어는 때때로 제 몸 안에 독을 숨기고
사람들의 느슨한 틈을 노려
일간지 한편에 그 위력을 드러내기도 하지만
평상시에는 늘 감미롭고 부드러운 맛으로
우리 곁에 다가오곤 하지

타는 갈증에 속이 미식거리는 아침
나는 습관적으로 그 옛날 친구 아버지처럼
복매운탕 집을 찾는다

속마음을 숨겨 두고 간사함으로 치장하여
세상 누군가에게 속 풀이 해장국으로 빨려들고픈
나 또한 언제든 독毒을 내뿜을 수 있는
맹독성의 복어였는지 몰라

가지다듬기

햇빛 따사로운 봄날
거리 곳곳에서 가지치기로
나뭇가지들이 한 트럭씩
잘려 나가고 있다

겨울을 나는 동안
꽃 피울 준비를 한 가지와
하지 않은 가지를 가려내는

아프지만
제때 뽑아 주어야 할 젖니처럼
나를 나답게 하는 성숙의 과정

잘라 낸다고 하지만
실은 보태는 일일 터
답답하고 복잡했던 내 안의 고목들

말쑥해진 새봄 거리에서 나는
빈 행간으로 일어서기 연습 중이다.

단풍

하늘처럼 높아서
맑은 시처럼 투명하여서
선불리 다가설 수가 없었다

스치는 바람에도
온몸 하염없이 자지러져는

내 한때
단풍잎처럼 여린 마음에
누군가 불쑥 내뱉는 말 한마디에도
큰 상처를 받곤 하였다

때론 원치 않는 바람이
나를 나답게 하는 원숙의 미를
그땐 모르고서

봄을 읽다

겁없는 아이
물불 모르고 뛰어들듯
눈 막고 귀 막고 코 막고
달려온다
연록의 마음이
초롱한 이야기를 품고
푸르름으로 치닫는
젊은 청춘이여
사방에서 수런거리는
봄물을 타고
공사 현장 한복판에서
시멘트 담벼락에서
화색 고운 얼굴빛으로
죽은 듯 살아 환생하는
봄, 비밀스러운 너를 읽기에
내 눈이 아프다.

제3부

봄바람

솟대

내가 앉은 높이에서
당신을 볼 수 있었으면 좋겠다
언제나 내 지척의 거리에서
당신 손잡을 수 있었으면 좋겠다
올라도 올라도 막막한 하늘
망부석 고갯마루에 서면
백 년을 고이 접어 두었던
날개 파닥이려나
앨버트로스
앨버트로스
하늘 향해 피어오르는 꿈
우듬지에 닿는 그 날 꽃신 신고
내 생명처럼 당신을 맞이할지니
바람을 거슬러 오르면
애타는 마음 전할 수 있으려나
당신을 기다리는 희망이
나를 지키는 일
내가 앉은 높이에서 언제나
당신을 볼 수 있었으면 좋겠다.

그리움

– 휴대폰 · 2

문자를 받으면
수신음이 정수리 끝까지
공명으로 울리는
한 사람이 있었네
내게 정말 소중한 사람의
전화번호는
전화기가 아닌 가슴에다
저장하는 버릇이 생긴 이후
하루에도 수 차례
문자를 받곤 하지만 그럴 때마다
가슴이 콩닥콩닥하면서도
지금 생각하면
참 기분 좋은 소리였네.

사랑

무수히 부딪혀도
눈물겹게 제 한 몸
희생하며 빚어놓은 해변의 몽돌

잠들지 않고 오직
한 사람만 바라보는 새벽별이다

신의 권능 밖인 줄도 모르고
끝까지 지켜내고자 하는
필사의 몸부림은

뒤돌아보면 도저히
믿기지 않는
내가 걸어온, 혹은
걸어가고 있는 그 길

그대야, 봄이로구나

하마 당신 오실까
기약 없는 기다림이 이리도
가슴 아픈 줄 몰랐다

부신 햇살의 농익은 이야기는
무채색의 등성이에
말간 밑그림을 그려 넣고

은 비늘 하늘하늘 꽃 비가
반백의 머리 위로 휘날리는 언덕길
긴 기다림의 아픔처럼

저 산벚꽃 고요히 홀로 빛나
더 환장하게 보고파지는
그대야, 봄이로구나

봄바람

바람의 두께가 한층 얇아진 삼월
버드나무 우듬지에서
며칠째 달그락거리던 애벌레 집 하나
봄바람에 날개 돋친 듯 팔랑거린다

때 이른 황사 바람이 지나고 나면
강을 끼고 도는 산들은 느리게 숨을 쉬고
진달래꽃 기다렸다는 듯
쉴새 없이 솟구친다

모데라토로 넘나드는 강물을 따라
봄비 잦아들면 너도나도
툭툭 땅을 굴리며
먼지 털어내는 소리

그믐 밤같이 이리도 어두웠던 내 마음에
연분홍빛 저 살구나무가
환희 불 밝혀 오는 것은 이 또한
봄바람 때문일까.

산 위에 서면 · 1

아카시아 꽃향기 흩날리는 봄
바다가 보이는 남도의
외딴 섬마을 작은
풍경으로 들어간다

나무와 나무 사이
조각으로 보이는 푸른 하늘은
산 위에 서면
거대한 우주가 되고

고대광실 거대한 빌딩들은
뿌연 해무에 가려져
가물거리는
한 점 티끌이었나 싶다오

산속에서는 산을 볼 수 없고
풍경 속에서는 풍경을 볼 수 없듯
바다가 되지 못하고
홀로 오롯이 바다에 떠서

밤낮 가슴 아파라 울고 있는
작은 섬을 보면서 나는
그대 안에서는 몰랐던
그대의 소중함을
오늘 외딴 섬마을에서 알았다오.

산 위에 서면 · 2

비탈진 등산로에 초록의 애벌레 한 마리
여기까지가 산행의 종점인 듯
바람을 문상객으로
개미떼 왁자하게 장례를 치르고 있다
내리붓는 햇살에 물컹하고 눅눅했던 고행길이
한 점 먼지처럼 가벼워지는 날
온몸으로 떠받드는 개미떼의 행렬은 장엄하다
만장처럼 산악회 리본이 나뭇가지에서 나부낀다
반환점을 돌아 하산길로 접어들면
굽이 져 아스라한 풍경은 까마득한 추억이 되고
올라갈 때 마음 주지 못했던
꽃과 나무들이 하나하나 정겨움으로 다가온다
바쁘게 내려앉는 산 그림자 등에 업고
종종걸음 내려가는 길
뒤에서 누가 부르기라도 하는 듯
자꾸 뒤돌아봐 진다.

산 위에 서면 · 3

이슬처럼 맑은 바람의 마음으로
나무에 기대면
가슴속 숨겨 두었던 비밀들이
반짝이는 햇살로
내려앉는 그대 생각

반짝이는 햇살의 마음으로
그대를 생각하면
산천초목을 스치고 지나간 바람과 구름
내 눈 속에 넣었던 풍경들이
다 당신이었음을

이슬같이 맑고 고운 사람아
산 위에 서면 나는 오직
눈으로 가슴으로 가득한 그대 생각에
산등성이 숨 가쁜 녹음 위를
훨훨 나는 새가 된다오.

낙엽비

조롱박처럼 촘촘히
단풍나무에 걸려 있는
가을 햇살

조각난 햇살을 허물어뜨리듯
낙엽비로
내 중심을 허물고 나면

그대 없음으로 하여
아픈 내 고통까지
말끔히 지울 수 있을까.

시월의 밤은

스치우는 한 점 바람에도
내 가슴 이리 미어지는 것을 보면
아직 못 다한 사랑이 남아 있나 보다

실개천 은빛 억새의 작은 잔영에도
내 가슴 이리 소용돌이치는 것을 보면
아직 그대 생각이 남아 있나 보다

바람에 몸을 맡기는 코스모스
이리저리 머리채 흔들리고 싶은
마음 산란한 시월

나뭇잎은 전향의 연서를 쓰고
눈 부신 햇살은 이별을 예감한 듯
제 살갗을 태우는

밤새 뒤척이며 꿈이 길어지는 밤에는
먼 데서 아마, 그대가
내 생각을 하고 있나 보다.

밤꽃

산이 낮잠을 자네

넥타이 풀어 헤치고
북실한 가슴으로
날 밝은 줄도 모르고
사랑을 하네

나도 산이었음 좋겠네

끝나지 않은 내 열병에
흥건히 그리움 젖어드는

유월의 숲 속
하얀 밤꽃 향기

갈바람 불고

개망초꽃 하얗게 피어서
노래하던 긴 여름의 끝

소슬바람 불면
내 마음
길 위에 구르는 낙엽이 된다

저 꽃 지고 나면 점점이
감당 못 할 그리움만
영글어 묻힐 텐데

하늘은 어쩌자고
이리도 푸른지

왜 자꾸 넌 내 꿈속에서
떠날 줄 모르는지
갈바람은 불고

선운사 상사화

몹쓸 년 고년
떠나면서 뒤도 한 번 안 돌아보더니
여태 전화 한 통 없네

선운사 뒤뜰에 상사화 곱다 하여
아픈 가슴 다독이며 산방 앞을 거니는데
젖은 바람이 스-윽
잠자던 선혈의 꽃 무리를 툭 치고 지나가네

그리움에 사무친 듯 긴 목 빼고
뚝뚝 붉은 눈물 흘리는 상사화
오, 저리도 눈부신 슬픔을 보았는가
모여서 발갛게 그리움을 발산하는

갑자기 허벅지 근육에 묵직한 울림이 온다
옵바~ 보.고.시.퍼

지 좋아 떠난 줄로만 알았던
앙칼진 고년 때문에
오늘 밤 빨간 상사화밭에 불나게 생겼네.

국화꽃 연정

그대 다녀가셨군요
담장 밑 수줍게 기대어 선 모습에서
나만이 알 수 있는
당신 모습을 봅니다

하얗게 꽃잎이 탈색되어 가도
목숨 초월하여
살얼음 딛고 하늘 향해 올라서는
그 향기 당신이었군요

찬 서리 내리는 쓸쓸한 뜰
새들은 제 갈 길 찾아 떠나가고
잎은 누렇게 부황이 들어도
젖은 얼굴로 핼쑥한

저 구름 끝에 흐르는 빗방울 하나로도
나는 당신에게, 당신은 나에게
한줄기 눈물 바람으로
오롯이 당신만을 기다립니다.

기러기떼 비행

동트는 아침 낙동강 변
저 넓은 하늘 백사장에
가, 갸, 거, 겨
언 손 곱아 호호 불며
일필휘지로
붓 글을 쓰고 있다
자음 하나 붙었다 떨어졌다
…………………………….
'사랑해'라고 그냥 써버릴까
…………………………….
먼 데서 오는 그리움 같이
너에게로 가고 있는 지금

제4부

맛있다, 노을빛

티슈를 뽑으며

무심코 한 장 또 한 장을 뽑으며
어느 정도 쓰고 나면
술렁술렁 바람 빠지듯 한다
맨 처음 내 삶의 출발점도 그랬을까
길 들지 않은 첫 개봉 시의 그 느낌처럼
참 어설프고 더디게 흘러갔던 유년기
마흔 오십 줄을 넘기면서
윤활유를 치듯 가속을 붙여 따라 올라오는
티슈에서 스쳐 지나가는 내 생의 이력을 본다
이미 흘러버린 세월과
보이지 않는 곳에 남아 있는 희망이
교차하는 사각의 티슈 통
화사한 꽃 그림의 모서리에
바람은 풍경으로 와서 눕고
곧 바닥을 보일 듯
빈 통에 공명으로 울리는 내 삶의 조각들
언젠가는 소진되고 말 티슈를 뽑으며

쉰 살, 그리고

다른 사람은 다 늙어도
나만은 멀쩡할 줄 알았다

어느새
내 키보다 훌쩍 커버린 아이를 보며
흐르는 세월이니 당연히 그런 거라
그런 거라 생각하면서도 나만은
세월과 무관할 줄 알았다

내 나이 이십 대에
쉰 살 즈음의 직장선배는
애당초부터 쉰 살로 태어나서
돋보기를 코밑으로 내리깔고 하릴없이
신문이나 보며 책상머리만 지키는 줄로 알았던,
내가 그 나이 되면
세상 다 끝나고 천지가 뒤바뀌는 줄 알았다

볼 일 다 보고 세상 다 산 것 같던
쉰 살의 나이

지금 나는 멀찌감치 팔을 내려 신문을 보고
아들 또래의 신규직원으로부터 바뀐 직원 명단을
확대한 복사본으로 받고 있지만
세상은 멀쩡하니 여여 하다

이순이 되면 어떨까
칠순이 되면 그때는 또 어떨까
그 나이가 돼 봐야 그 사정을 안다던
어머니의 말씀처럼 막무가내 흔들리는 내 마음
커가는 아이가 무섭다
갈수록 더 빨리 달아나는 세월, 퇴임하던
직장선배의 모습이 뇌리에 선명하게 꽂히는
쉰 살의 어느 날에

메밀꽃 일다*

뜨거웠던 한낮의 열기를
깊은 들숨으로 삭혀내는 포구
물갈퀴 겹주름으로 밀려와선
좌르르 좌르르
모랫바닥에 하얗게 부서지고
나는 문신처럼 떠오르는 지난 추억에
쉬이 잠들지 못함이다
뭍에만 나가면 나무에 올라서도
고기를 구할 수 있을 거라 철석같이 믿었던
사춘기 꿈 많은 소녀의 바다 같이 부픈 꿈
그 사람 가만히 손잡고
꾹꾹 눌러 재워주던 그때도
작은 포구에는 하얀 메밀꽃이 일었다
발등 위로 꽃잎처럼 흩어지는 물보라
내 온몸으로 쓸어담으면
그때 수줍어서 하지 못한 말
지금 다시 내던질 수 있을까
그믐밤같이 까만 속

하얀 메밀꽃으로 소멸하는
긴 여름밤

* 메밀꽃 일다: 물보라가 하얗게 부서지면서 파도가 일다.

속을 비운다는 일

세월 풍상 모두 닫고
홍갈색 기암에 뿌리내린 홍도 후박나무
옹골찬 잎 닢을 후려치고 지나는 것은
바람뿐이 아니었다
한 치 앞을 가늠할 수 없는 자욱한 안개
귀를 닫고 눈을 감아도 멈추지 않는 파도소리
내리쬐는 따가운 햇볕 비 우박 서리
사는 것이 고행이라지만 스스로
살아남기 위해서는 비울 수밖에 없었으리
비움으로 하여 햇빛이 드나들고
바람이 드나들고 안개가 드나들고
그러면서 수백 년 섬을 지키며 살아남았으리
때론 가늠할 수 없는 바람의 깊이에
대책 없이 쓰러지기도 하였거늘
삭풍에 홀로 딸 셋 키우신 내 어머니
속만 비운 게 아니었다
뼛속까지 바람의 집을 내어주면서
초가을 소슬바람에도 넘어질 듯 위태위태
지금 안간힘으로 버텨내고 계신다.

진정한 배려

삭막한 도시보다는
노력한 만큼 자연은 베푼다시며
농촌에서 살고 싶어 하던 노모
처음으로 아파트 생활을 시작했다
손수 조작해 보는 엘리베이터 앞에서
분명 내려가실 의향인데
오름 버튼을 누른다
"어머니,
내려가실 때는 내림 화살표를 눌러야지요."
"아니다,
엘리베이터가 지금 1층에 머물고 있으니
올라오라 해야지."

파꽃

자세히 보면
하나하나 작은 꽃들이 모여서
한 송이 꽃처럼 화안한 것이
도톰하니 허공중에 꽃대 올려
할 말이 너무 많아
속 대궁은 비웠는가
오랜 세월 하얗게 센
귀밑머리 스쳐 지나갔을 생
까만 깨알 같은 사연들
점점이 품고도
더 할 말 없노라
비우고 비우신
내 어머니

맛있다, 노을빛

나도 곧 손주 볼 나이가 되었건만
친정 집에 가면 마냥 어린아이가 되네
노모께서 투박한 손끝으로 조물조물
저녁밥을 지어 주시면
배부르다 배부르다 하면서
숟가락이 손에서 떨어지질 않네
외출 나간 남편 생각도
까마득히 잊어버리겠네
어릴 적
할머니만 두 분 살아계시던 앞집에서는
할머니의 할머니가 매일매일 저녁밥을 짓고
젊은 할머니는 앉아서 받아먹기만 하던
이해 못 할 그 상황이
인제야 어림짐작 되는 저녁나절
붉은 노을빛이 창문 너머로 한 상 가득 담기네
참 맛있다, 노을빛

우리 할머니

무섭다는 십대 앞에서도
두려울 것도 부끄러울 것도 없는,
불의를 보면 꼭 한 말씀 하셔야
직성이 풀리는 우리 할머니

공중질서는 남의 나라 이야기인 듯
관공서에서 정류소에서 매표소에서
순서는 깡그리 무시하고
당신 위주로 참 편리하게 세상을 살아가는

나 어릴 적에는 내가 원하는 무엇이든
다 해결해 주시는 신통방통한 능력을 가졌던
천인공노한 죄를 지었어도 우리 할머니만은
다 이해하고 혜량해 주실 것 같은
한 바다 같은 넓은 마음을 가지셨다

혼잡한 시내 4차선 대로에서
신호등을 무시한 채
찻길을 가로막고 리어카를 들이대도

누구 한 사람 삿대질도 경적을 울릴 생각도 않는,
길을 건널 때까지 조용히 기다릴 수밖에 없었던
막무가내 할머니
그래도 난 할머니가 참 좋다.

휴일 아침에

볕 좋은 휴일 아침
느지막이 일어나
이불을 탈탈 털어
베란다 빨랫줄에 거풍을 한다

내 몸에 달라붙어 있던 찌꺼기
머릿속을 뒤흔들던 잡다한 생각들이
따끔한 햇살에 조각으로 부서지고
가실가실해진 이불에서
달콤한 향기가 난다

간밤 꿈속에서 나누었던
그대와의 밀어들이
석류알처럼 훈풍에 솔솔
막 쏟아져 나온다

내가 모르는
무슨 대단한 비밀이라도
토해 낼 듯 이불잇 목화꽃은
바람 속 막무가내 흔들리고

게으른 햇볕이
담장 너머에서 머뭇거리는 휴일 아침
겨울 하늘의 맑음처럼
내 가슴에는 푸른 그리움이 출렁인다.

산나물 캐러 갔다가

산나물 캐러 봄 산엘 갔습니다
겨우내 몸을 낮추고 있던 산들은
저마다 개성 연출을 뽐내며
몸치장 준비에 여념이 없습니다

한바탕 야단을 떨고 간 꽃자리에는
말끔하게 클렌징 하고
화장대 앞에 앉은 여인처럼
연록의 밑그림을 그렸습니다

연초록 나무, 연초록 잎 새
연초록 바람이 넘실거리는
산속에는 하늘도 구름도 사람도 온통
연초록빛으로 물들었습니다

지난 혹한의 겨울을 이겨내고 올라오는
여리디여린 새순을 꺾으려 했던
내 손이 차마 부끄러워
산나물 대신 빈 걸망에는
연초록 마음만 가득 담아왔습니다.

꿀벌에 쏘이다

옥외 수도꼭지에서 며칠째
꿀 대신 물을 빨아 먹고 있던
꿀벌 두어 마리
수돗물에 휩쓸려
물걸레 속으로 파고든 것을 몰랐다
불끈 손으로 걸레를 쥐어짜는데
오지게 벌침을 한 방 날린다
콸콸 쏟아지는 물처럼
서로의 마음을 내보였더라면
무차별 공격을 당하는 일은 없었을 터
벌은 본능적인 자기 방어를 위해
목숨 마다치 않고 침을 놓아야만 했고
나는 가만히 앉아서 당한 꼴이니

엊그제 한바탕 하고 냉전 중이던 남편
새벽녘에 유달리 크게 들리는
어머니의 화장실 물 흘려보내는 소리에
잠이 깨었는지 가만히 내 손을 잡는다.

양지꽃

누구지?
누구의 소리일까?
긴 겨울터널을 막
지나는데

쏟아져 내리는 햇볕같은
자잘한 웃음소리

그래, 웃으렴
마음껏 웃어보렴

양지바른 언덕길에
양지꽃 환한 웃음

해운대 바닷가

상처 난 가슴 새살 차오르듯
따뜻한 마음이 오가는 해운대 바닷가
손잡고 하얀 모래 백사장을 거닐다 보면
이십 년 묵은 감정도 분홍빛 어여쁜
첫사랑으로 다가오는 애틋함이 있다
쪽빛 물결 넘실거리는 수평선 너머
갈매기떼 노래하는 환희의 찬가에
오륙도가 어깨를 들썩이는
넉넉한 그 마음 당신을 닮아
가슴속 오래된 응어리 하나쯤
벗어두고 와도 좋을
해운대 바닷가 가면 지금도
내 마음 한없이 설렌다.

낙동강 하구에서

수평선처럼 아득하게 펼쳐진
삼각주 넓은 벌
사시사철 풍요로움으로 다가오는
너는 나의 생명이었다

세상살이 힘들어도
버거운 생각 하나 강물 위에 내려놓고 보면
초롱한 별빛같은 희망이 샘솟는
너는 나에게 마르지 않는 샘물이었다

태백에서 천삼백 리 길 구비 돌아
모였다 흩어지고 흩어졌다 다시 모여서는
사람과 사람 사이
산천초목 사이로 영남을 적시어
인심 좋고 살기 좋아 대대손손
뿌리내리며 살아가는 여기 낙동강사람들

겨울이면 온갖 새들의 지상낙원이라
만나는 사람 사람마다 서로 좋아 얼싸 안고
사랑을 노래하는
너는 내가 살아가는 삶의 전부였다.

감기

세상에 숨 쉬는 일 만큼 쉬운 일이 있을까
세상에 생각하는 일 만큼 또
쉬운 일이 있을까마는

우리는
숨 쉬는 연습을 위하여 단전호흡법을 배우고
생각하는 연습을 위하여
명상의 시간을 갖기도 한다

내 마음 어느 곳에나 있는
그대를 생각하는 일은 참 쉽다

하지만 내 안의 그대를 지우는 일은
그 어떤 노력으로도 불감당이라
지금 나는 혹독한 감기를 앓고 있음이다.

제5부

매봉 가는 길

담쟁이

저 성벽을 넘어가면
내가 꿈꾸는 세상이 있을까
허공 그 어디쯤 발 디딜
작은 디딤돌 하나 있을까
절박한 순간순간에도 질긴 생명 줄 하나로
얼기설기 손잡고 연둣빛 꿈을 꾸었네
한낮의 뜨거운 태양이, 멈추지 않는 바람이
앞길을 가로막아도
세상사 모든 것이
들숨과 날숨 사이 존재한다는
선지자의 말씀 되새기며
숲의 고요를 가만히 발판으로
다시 공중을 향해 박차 오르는
저 철새떼 무리

송도의 추억

송도에 가면
구름다리가 있었네
송림산 푸른 솔숲과
등줄기 단단한 거북섬을 연결하는
구름다리를 건너면
사뿐사뿐 하늘을 나는 듯한
신비로움에 날마다
팔도의 구경꾼들이 모여들었네

송도에 가면
작은 어촌 마을 모지포가 있었네
옹기종기
바다를 닮고 싶은 사람들이 모여
만선이 되면 돌아오는 포구
새와 바람과 사람이어우러져
거친 바다를 다스려가며
매일매일 푸른 꿈을 낚아 올렸네

송도 암남공원에서
아득한 수평선을 바라보며
점점이 조각배
푸른 솔숲은 여전히 그대로인데
어디로 갔나
바다 품에 그리움을 담금질하던
인정 많은 모지포 사람들

여름 오후의 풍경

바닥에 누운 바람의 등줄기를 타고
양산 든 아주머니가 지나간다
까까머리 반소매 티셔츠의 한 남자가 지나간다
가로수 깊숙한 녹음 속으로 새떼 들어가고
잎들이 잠시 파문을 일으킨다
허공중 흘러가는 구름 아래 무언의 말씀 같은
교회 십자가 하나 보이고
오토바이 한 대 굉음을 울리며 지나간다
강아지 백구 네다리 뻗고 늘어진
눈두덩 위에 파리가 성가신 듯
안면 근육을 연방 씰룩인다
먼데 뻐꾹새 소리
시간을 갉아먹듯 오후의 그림자가
내 노트의 행간에 갈지자로 드러눕고
비몽사몽 간에 나는 습작 시를 쓰고 있다.

매봉* 가는 길

오래된
산 그림자 하나
발등으로 내려앉습니다

한낮의 뜨거운 태양
숲 그늘에서
주춤거리고

망천곡 산딸기
덤불 속
안단테로 익어갑니다.

* 매봉: 부산 강서구 가덕도에 있는 산이름

가창오리떼의 군무를 보다

해거름 녘
바람은 고요히 묵상 중인데
일제히 무리 지어
하늘을 뒤덮는 저 장관을 보라

낙동강 넓은 둔치 갈대숲을 배경 삼아
모였다 흩어졌다, 흩어졌다 모였다
꼬리 긴 가오리 연이 되었다가
바다에서 유영하는 큰 돌고래가 되었다가
수천이 모여 한 몸 같이 움직이는 저 일사불란함

두 명만 모여도 마음 맞추기 어려운 세상
감히 연습으로 가능한 일이던가
한 치의 오차도 없는
자연이 빚어내는 예술품이다

현란한 몸동작
잠시 쉼 호흡 고르는가 싶더니
강기슭 저편에서 불쑥

큰 산맥 같은 수묵화 한 점
노을빛 하늘이 좁다.

가덕도 갈맷길

멀리 해안선이 기지개를 켠다
금빛 햇살 가득한 동선새바지
기도원길 태고의 숲에는
새 소리 바람 소리 나지막이
산 그림자를 깨우고
무풍 한솔 느릉령 정자에
걸터 앉으니
조각난 구름이
솔가지에 걸렸구나
고기떼가 많아
물고기 울음소리 들린다는
어음포漁音浦 우·우·우·우
그 소리 지금도 들리는 듯한데
포구를 지키던 옛사람은 간데없고
먼 산 뻐꾸기 울음소리만
하얀 파도에 한없이 부서진다.

대항마을

가덕도의 최남단 대항마을
봄이면 숭어떼가 기별 없이 찾아와선
자유롭게 노닐다 가곤 하는
원시림 저 끝에는
백 년을 자랑하는 하얀 등대가 있다

연대봉 아래 옹기종기 평화로운 대항 새바지
망망대해 해안가 목책 울타리를 따라
동선 새바지로 이어지는 가덕도 둘레길은
내 사랑하는 이와 함께 다정히 손잡고 거닐고픈

와보시라
남국의 밀림 속 나라를 지키는 국수봉이
늠름한 모습으로
언제든 그대를 기쁘게 맞이할 것이니

소쇄원*에서

화려하지 않아도 좋다
웅장하지 않아도 좋다
때때로 마른 모래바람이
내 한쪽 가슴을 휩쓸고 지나거든
소쇄원 돌담길에 가만히 기대어 서 보라
울창한 대나무 숲에서 결 고운 바람이
청량한 울림으로 와 닿을 것이니
제월당 앞 외나무다리를 건너
푸름 출렁이는 계곡물 소리에
나직이 귀 기울여 보라
제 한 몸 온전히 바위에 부딪히며
묵언 수행 정진하는 해탈의 소리 들릴 것이니
댓잎을 스치는 바람소리
어디선가 들려올 듯한 옛 선비들의 경 읽는 소리
오암정 배롱나무꽃 소담히 어깨를 낮추는
소쇄원 돌담길에 서면 지금도
그때 그 소녀의 해맑은 웃음소리 들린다.

* 소쇄원: 1530년 소쇄 양산보가 전라남도 담양군 남면 지곡리에 만든 정원

가덕도 사람들

섬마을 가덕도에 육지 바람이 붑니다
하늘과 바다를 관통하며
섬을 이어주는 구경거리에
주말이면 꼬리에 꼬리를 잇는 차량행렬
거친 바다를 가꾸는 사람들이지만
속마음은 육지 사람보다 더 인정스럽고 따스하여
살아가는 모습은 여전히 섬사람인 가덕도
연륙교가 개통 되면서 넘쳐나는 외지 관광객들로
일희일비의 풍경이 연출되기도 하지만
한 집 건너 친척이고 한 마을 건너면
사돈의 사돈이 산다는 작은 어촌 마을
하루의 그림이 바닷물에 찰방이는 저물녘이면
산등성이 마루금을 따라
고만고만한 집들이 나눔의 정으로
진한 향내 풍기는 섬 마을
가덕도에 새로운 바람이 불고 있습니다.

등대는 외롭지 않다

천성 고갯길을 구비 돌아
가덕도의 저 끄트머리 대항마을
외딴 섬 하얀 등대에
삼삼오오 사람들이 모였다

알콩달콩 수다 꽃이
밤별로 쏟아지는 밤
등대는 오직 섬사람들의 희망으로 서서
네 줄기 환한 광채를 발한다

세속에 물든 내 중심이 기우뚱거릴 때면
빠르게 날갯짓하는 갈매기의 부산함에도
등대는 꿋꿋이 본디 홀로인 듯
비 오면 비 맞고
바람불면 바람 맞는

밤새 두고 온 가족 생각에
파도소리 철썩이는 밤바다 위에
그리움의 편지를 쓰고 있는 나처럼

멀리서 등대를 바라보는
사람들이 사람들을 그리워할 뿐

새소리 바람 소리 뱃고동 소리 정겨운
등대는 외롭지 않다
기다림으로 하여 누군가를 쫓아가 본 적 없는
등대는 본디 홀로여서 등대이다.

범방삼층석탑[*]에서

탑이 있어 탑동마을이라 했던가
방초 우거진 산 어귀
공허 속 침묵의 발자국을 딛고
홀로 외로운 석탑 하나

태평연월 고려 오백 년
그 주인은 떠났어도
폐사지를 지켜온 흔적은 혼으로 남아
여기 강서인의 핏줄로 살아 숨 쉬나니

한때는 금병산 정기 받아
푸름으로 융성했던 옥수수밭 이랑에 서면
천 년을 잠자던 고려인이
말발굽 소리에 황급히 뿔 화살을 차고
우우 달려오는 소리 들린다

밭일하던 사람들 하나 둘
안갯속으로 사라지는 저녁 무렵
태고의 산사에는 예불 올리는

스님의 독경소리에 하루해가 저물고
저 멀리 어디서 뻐꾸기 운다.

* 범방삼층석탑: 부산 강서구 범방동 탑동마을 뒤편의 절터에 남아 있는 석탑(부산시유형문화재 제23호)

지하철 구포역에 서면

지하철 구포역에 서면
넘실거리는 강물처럼
내 가슴 속 출렁이는 그리움이 있다

둑 너머 세상 소음에도
묵묵히 제 갈 길 흘러가는 낙동강물이 있고
척박한 모래 언덕바지 호박넝쿨처럼
허공을 가로지르며 밥줄 같은 희망의 손
놓지 않는 긴 대교가 있다

지상에서 지하로
지하에서 지상으로 연결되는 역사驛舍는
빛과 어둠의 경계를 넘어
기쁨과 슬픔의 통과선인가도 싶은 것이

그렇다
구포역에 서면 나는
수없이 많은 내 안의 경계선을 그어놓고
한발 더 가까이서 그대 이름을 부르고 싶다

딱히 내려서 볼 일이 없어도
구포역이 다가오면
자동으로 출입문을 향해서는 나는
내 사랑하는 이의 그리움이 되고 싶다.

여정 · 1
- 발트 해를 건너다

실자라인 크루즈호의 미세한 떨림에
발트 해가 몸을 뒤척인다
고풍스러운 스톡홀름 시가의 추억을 뒤로하고
숲과 호수의 나라 핀란드로 향하는 선상
밤새 꺼지지 않는 조명등 아래
한데 어우러진 환상적인 축제는
피부색 얼굴색은 달라도
우리는 낯설지 않은 지구촌의 한 이웃
마주치는 눈빛마다 설렘이 가득하다
잠시 잊고 있던 차가운 밤바다가
문고리를 흔들며 인기척을 내자
저 멀리 새벽을 알리는 여명이 밝아오고
천 길 바닷속을 관통하는 해가 솟구친다
긴 겨울잠에서 깨어나는 호수의 나라 핀란드
해무에 잠들었던 도시의 실루엣이
빗살무늬로 번지는 햇살에 눈을 뜬다.

여정 · 2

– 로렐라이 언덕에서

버스는 굽이굽이
라인강 줄기를 따라 가고 있다
긴 화물선이 윤슬을 가르며 유유희 떠가는
언덕길을 넘어서니 천 길 낭떠러지 수직의 절벽
이국땅이라고 별반 다를 게 없는 옹기종기
야생화 한 무리 우리를 반겨주네

연인으로부터 버림받은 한을
삭혀내지 못하고
반인반조半人半鳥가 되었다는 로렐라이
달콤한 선율의 노래 우아한 자태에
무지몽매한 뱃사공만 희생양이 되었구나

금빛장신구 황금 발 미녀는
슬픈 전설만 남겨 둔 채
지금껏 그 장소 그 자리를 지키고 있건만

발아래 굽어보이는 라인 강물은
희생양으로 삼았던 뱃사공의 흔적마저 삼키고
예나 지금이나
푸른 물결 도도히 흘러가네.

여정 · 3

– 백두산 천지 가는 길

끝없이 펼쳐지는 옥수수밭
건듯 부는 바람에 횡대로 선 옥수숫대
파르르 떨며 외롭다 소리 질러도
북녘땅 위화도는 말이 없다
압록강 건너 신의주 저 끝
드문드문 초소가 생이별을 말해주고
단둥의 잿빛 하늘은 먹먹하다
그 옛날 나의 부모 형제가
만주벌을 누비며 푸른 꿈을 꾸었던
인고의 흔적들이 황량한 벌판
혼불을 일으키는 바람으로 섰다
백두산 천지 1236계단 서쪽 언덕
칼데라 호에는 이무기가 살았을까
후드득 빗방울을 몰고 온 천지에 바람이 불면
천의 얼굴로 다가오는 호수
옛 고구려인의 용맹이 살아 숨 쉬는 듯
안갯속에서 꿈틀대는 천지는
내 목마른 그리움 아는지 모르는지
이슬비에 젖은 야생화 무리
맨몸으로 언덕을 수놓는다.

| 박병금시집 『기러기떼 비행』해설 |

풋풋한 서정, 알토란같은 내공

정 영 자

(문학평론가. 부산문인협회 명예회장)

"세상 쓴맛 단맛 다 아는 사람들이/봄만 되면 /삼삼오오 장소를 가리지 않고 모여서/사람 아닌 땅을 보며 머리를 조아린다"(-<쑥캐는 아낙들>에서)는 쑥캐는 현장에서, "모데라토로 넘나드는 강물을 따라/봄비 잦아들면 너도나도/툭툭 땅을 굴리며/먼지 털어내는 소리"(<봄바람>에서) 들리는 낙동강의 넉넉한 품 속에서, "산이 낮잠을 자네//넥타이 풀어 헤치고/북실한 가슴으로/날 밝은 줄도 모르고/사랑을 하네"(<밤꽃>에서)에서 밤꽃의 자유 분망한 사랑의 에로스를, 혹은 "저 산벚꽃 고요히 홀로 빛나/더 환장하게 보고파지는/그대야, 봄이로구나"(<그대야, 봄이로구나>에서), "망천곡 산딸기/덤불 속/안단테로 익어갑니다."(<매봉 가는 길>에서)의 산 속에서 박병금 시인은 자연의 강과 산 그리고 길섶의 작은 생명 속에서 살아있음의 기쁨 그리고 자연이 주는 자유 속의 질서를 노래한다.

지천으로 보이는 자연, 지천으로 들리는 자연의 소리, 그 풋풋한 서정의 결을 온몸으로 맞으며 그 순간과 그 공간의 가득함 그리고 희열에 젖는 여기 이곳의 노래는 그 세월을 지나치며 보고 느낀 자만이 자신있게 표현할 수 있는 진정성을 가진다.

박병금 시인은 월간 『문학세계』(2005년1월호)로 등단하여 2008년 첫시집 『세상읽기』를 상재하고 두 번째시집 『기러기떼 비행』을 상재한다. 그리고 지난 2013년 봄에는 제3회 전국문학인 꽃축제에서 꽃시로 최우수상을 수상한 바 있어 내공의 시인으로 정평이 난 시인이다.

그는 자연의 시인이면서도 가볍게 자연을 노래하는 시인이 아니다. 넘치는 서정을 세월 속에 정화시켜 알토란같은 표현으로 싹일 수 있었던 내공의 시인이다. 그는 노자의 무위자연을 바탕으로 한 시인이다.

노자의 가르침은 무엇이든지 할 수 있다는 서구의 정신에 하나의 대안을 제시한다. 자기 자랑, 과시, 공격성, 계산을 가르치는 것이 아니라 겸손과 평온, 순발력을 실천하라고 가르치는 것이다. 생의 자연스러운 리듬을 따르고 자아와 우주의 조화로운 삶을 추구하고, 그 흐름에 맞추어 살라고 가르치는 것이다.

> 낙동강 넓은 둔치 갈대숲을 배경 삼아
> 모였다 흩어졌다, 흩어졌다 모였다

꼬리 긴 가오리 연이 되었다가
바다에서 유영하는 큰 돌고래가 되었다가
수천이 모여 한 몸 같이 움직이는 저 일사불란함

- <가창오리떼의 군무를 보다>에서

핵심 사상은 무위無爲이다. 모든 일이 저절로 이루어지도록 내버려 두라는 것이다. 순종과 정신적 순응성을 강조한다는 점에서 노자의 주장은 신비주의적이다. 물, 부드러움, 조탁하지 않은 생생한 자연이다. 자신을 해방시키고, 마음과 영혼을 진정시킨다. 그러면서도 일사불란한 질서의 생존, 감탄하고 감탄스러운 순간을 능청스럽게 객관화 시키는 재주가 넘친다.

걸림돌이 될까 봐
지나가는 바람에도 비켜서
길을 내어주곤 하던 너를 생각했지

낮은 소리로 흐르는 개울물이 등을 토닥이고
피라미떼 곁에서 놀다 가기도 하지만
반쯤은 늘 물에 잠겨 있는 젖은 생
바싹 햇볕에 말려보고 싶은
생각이야 왜 없겠는가

한 발 한 발 디딤발 내딛으며
멀다 싶으면 몸을 조금 움츠렸다

다시 활짝 가슴을 펴고 건너가면
너의 넓은 가슴처럼
잔잔한 물결 하늘을 품곤 하지

단단한 등뼈 하나로
서로에게 단절된 생각을 이을 수 있다면
그래서 너와 내가 조금 더 가까워질 수 있다면
젖은 생이라 하여 그리 슬프지만은 않으리

- <징검다리> 전문

한소리 내어 읊고 싶은 낭송시의 절묘함까지 가지고 있는 시다. 박지원의 『열하일기』를 읽다보면 요동반도의 광활한 벌판을 바라보며 한바탕 울고 싶다고 말하던 부분이 있다. 이 시야말로 냇물속에 등금등금 젖다말다 늘 젖어 있는 물속의 돌이지만 여기서 저기를 건너게 하는 연속성의 의미와 그리움이 물처럼 잔잔히 흐르면서 토닥거리는 정겨움이 넘치는 시적 이미지를 가지고 있다. 또한 지난 시간의 추억처럼 맑고 티 없던 시절의 동화 한폭이 펼쳐지는 고요로움이 있다.

징금다리는 개울이나 물이 고인 곳에 돌을 드문드문 놓아 그것을 디디고 물을 건널 수 있도록 한 다리다. 그리고 중간에서 양쪽의 관계를 연결하는 매개체를 비유적으로 이르기도 한다. 디디고 다닐 수 있도록 드문드문 놓아둔 평평한 돌은 어떤 일을 이루거나 발전을 하는 데 도움이 되는 것을 비유적으로 이르기도 한다.

단단한 등뼈 하나의 연속성을 노래하는 시인은 단절의 시대에 반쯤은 늘 물에 잠겨 있는 젖은 생으로서의 의미를 피라미와 하늘을 품는 물의 이미지로 승화시킨다.

"반쯤은 늘 물에 잠겨 있는 젖은 생/바싹 햇볕에 말려보고 싶은/생각이야 왜 없겠는가" 하지만 시인의 긍정적인 시각은 오히려 젖은 생의 찬가로 돌려 놓고 있다. 때문에 그의 시의 특성은 탁한 갈등의 중심에서 잔잔한 삶의 내공을 읽을 수 있는 것이다.

복어는 적으로부터 자신을 보호하기 위해
테트로도톡신이라는 독을
토마토는 해충에서 구제받기 위해
토마토 칩이라는 알칼로이드를
감자는 솔라닌을
담배는 니코틴을 제각기 몸속에 지니고 산다

여름이면 산언저리를 노랗게 물들이는
숲의 요정 원추리는 고유의 독성분을 갖고 있지만
어린 순을 잘 다스리면 봄철
까칠한 입맛을 돋우는 원기 회복제가 되기도 하며

초록 숲이 내뿜는 피톤치드는
해로운 균을 죽이는 강력한 독성을 갖고 있지만
그 독성이 사람에게는 아편의 모르핀과 같이

유익한 명약이 되기도 하는 것처럼

맹독성이 갖는 이중성이
세상 여자들에게도 적당히 배어 있나 싶다
질투와 시샘으로 가득한 독기가
때로는 남자들의 마음을 사로잡는 명약이 되기도
때로는 그들의 약한 마음에 용기를 불어넣는
강장제가 되기도 한다.

- <독이 때로는 약이다> 전문

동식물이나 초록숲이 가지는 독이 때로는 약이된다는 역설적인 논리는 사실이다. 이와같은 맹독성이 가지는 이중성은 여성에게도 배어 있어 "질투와 시샘"을 만들고 남자들을 유혹하거나 때로는 약한 마음의 남자에게 용기를 불어 넣는 강장제가 되기도 한다. 부정적인 측면을 긍정적인 것으로 변용시키는 생산적인 철학은 박병금시인이 가지는 천성적인 기질인가 싶다.

고려 말의 문신 안축은 기름진 음식을 배부르게 먹은 자에게는 입에 맞는 맛이 없다.(飽膏粱之食者。無適口之味。)고 하여 관동關東을 유람하고 난 뒤 "내가 관동 땅에서 참으로 멋진 경치를 실컷 보았으니 이제 다른 웬만한 경치는 시시해서 눈에 들어오지도 않을 것"이라 했다.

보고 듣는 경험이 지나치게 풍요로운 것도 때로는 독이 될 수 있다. 지금 내가 처한 처지, 가지고 있는 것의 소중함을 알지 못한 채 저 화려하고 아름다운 것들만 바라볼 때, 나의 일상은 한없이 초라해질 뿐이다. 때로는 적당한 결핍과 절제가 오히려 약이 될 수도 있다.

동트는 아침 낙동강 변
저 넓은 하늘 백사장에
가, 갸, 거, 겨
언 손 곱아 호호 불며
일필휘지로
붓 글을 쓰고 있다
자음 하나 붙었다 떨어졌다
…………………….
'사랑해'라고 그냥 써버릴까
…………………….
먼 데서 오는 그리움 같이
너에게로 가고 있는 지금

- <기러기떼 비행> 전문

어떤 기러기가 선두에 선다는 것은 그만큼 고공 속에 세찬 바람과 기압을 가장 많이 받으며 사력을 다해 목표점을 향해 날개짓을 하는 것인데 뒤에 따라 오는 다른 기러기 보다는 더욱더 에너지와 힘의 소모를 보다 많이 가져 오는 것이다. 그래서 그 기러기들은 늘 힘이 빠질만하면 다음 기러기가 준비하여 있다가 임무교대를 한다고 한다. 그리고 약간은 뒤쳐져 날면서 다시 힘을 재충전 하면서 숨고르기를 한다.

톰 워샴이라는 사람은 기러기떼의 비행법을 알면 많은 삶의 지혜를 얻을 수 있다고 하였다. 추운 겨울 달밤 남쪽 나라를 향해 날아가는 기러기 떼는 항상 "V" 자형으로 줄지어서 난다. 기러기는 날개를 퍼득거릴 때 뒤따라오는 기러기에게 '활력'을 불어넣어준다.

날개를 퍼덕이면 뒤에 있는 새에게는 양력이 작용한다는 사실을 발견했다. 양력은 날개를 위로 올려주는 힘이다. 기러기들은 이 양력을 이용해서 먼 거리를 함께 날아가는 것이다. 기러기 떼가 V자형으로 날면, 전체 기러기 떼가 혼자 날아가는 것보다 71%나 더 멀리 날 수 있게 된다. 날아가는 기러기 떼는 서로 협력하는 데 천재적이라고 한다. V자형의 가운데에서 앞서 날던 기러기가 지치면 뒤에 있는 기러기와 자리를 바꾼다고 한다. 앞선 기러기가 지치게 되면 그 기러기는 대열의 뒤로 빠지고 대신 다른 기러기가 앞으로 나가 길잡이 역할을 하게 된다. 대열의 뒤를 따르는 기러기들은 선두가 속도를 유지할 수 있도록 격려해주기 위해 울음소리를 낸다. 앞서 날아가는 새에게 속도를 떨어뜨리지 말라는 격려의 응원이라고 한다. 만약 한 기러기가 병이 들거나 총에 맞아 대열에서 떨어지더라도 기러기들은 동료를 혼자 버려두지 않는다고 한다. 기러기 두 마리가 함께 대열에서 이탈하여 상처가 난 기러기를 보호하고 돕는다고 한다. 그들의 긴 여정의 날개짓은 목숨을 건 여행이다. 함께 날지 않고서는 목적지에 닿을 수 없기 때문이다. 사랑은 혼자 사랑이 아니라 서로 사랑이기 때문이다.

작은 동물의 세계에서도 이런 교대의 과정속에도 아름다운 질서가 있다. 여기에는 어떤 아쉬움이나 독선이나 아집이 없고 오히려 바톤을 내어주는 기러기를 향해 격려의 박수와 애정을 마음것 표현하는 기러기들의 고공비행은 아름답다. '비행'은 소통과 협력으로 이루어 낸 것이기에 더욱 아름답다.

늘 일상의 삶속에서 만나는 낙동강변의 기러기 떼 비행은 붓 글씨요 자음하나 붙었다 떨어졌다 다양한 하늘을 배경으로한 무변의 종이다. 그 무변의 종이 위에 "사랑해"라는 그리움은 새처럼 날아가는 질서 속의 무한 공간이다. 한편의 시 속에서 사랑도 우정도 삶의 지혜도 함께 느낄 때 시의 공감은 가능하다. 독자들이 외면하는 시는 자기 자신마저도 감동시키지 못할 때 일어나는 시적 장치의 불통 이미지다. 시의 공감은 경계 없는 경계 속에 너와 함께 나를 살아야 가능하다.

뜨거웠던 한낮의 열기를
깊은 들숨으로 삭혀내는 포구
물갈퀴 겹주름으로 밀려와선
촤르르 촤르르
모랫바닥에 하얗게 부서지고
나는 문신처럼 떠오르는 지난 추억에
쉬이 잠들지 못함이다

물에만 나가면 나무에 올라서도
고기를 구할 수 있을 거라 철석같이 믿었던
사춘기 꿈 많은 소녀의 바다 같이 부푼 꿈
그 사람 가만히 손잡고
꾹꾹 눌러 재워주던 그때도
작은 포구에는 하얀 메밀꽃이 일었다
발등 위로 꽃잎처럼 흩어지는 물보라
내 온몸으로 쓸어담으면
그때 수줍어서 하지 못한 말
지금 다시 내던질 수 있을까
그믐밤같이 까만 속
하얀 메밀꽃으로 소멸하는
긴 여름밤

- <메밀꽃 일다> 전문

메밀꽃 일다: 물보라가 하얗게 부서지면서 파도가 일다.

파도가 일었을 때 하얗게 부서지는 포말. 의성어와 의태어의 구성을 통하여 한폭의 수채화같은 시다.

이효석의 소설 「메밀꽃 필 무렵」에는 가을 달빛 아래 하얗게 펼쳐진 메밀꽃의 정취가 물씬 묻어난다. 메밀꽃은 말 그대로 '메밀의 꽃'이다. 그런데 이 메밀꽃이 바닷가에 사는 어부들 사이에서는 파도가 일었을 때 하얗게 부서지는 포말을 가리키는 말로 쓰인다. 또한 물보라를 뿌리며 하얀 거품이 일어나는 것을 '메밀꽃 일다'라고 한다. 바다에서는 파도의 거품이 메밀꽃인 것이다.

"뭍에만 나가면 나무에 올라서도/고기를 구할 수 있을 거라 철석같이 믿었던"소녀의 공간에는 메밀꽃이 일었다. 때문에 차마 말하지 못했기에 더 선명한 한편의 시는 태어날 수 있었던 것이다. 시의 비밀은 다하지 못함에 있고 가보지 않은 길의 아름다움이 있기에 우리는 어디를 가다가 주저 앉아도 다시 일어설 수 있는 것이다. 하늘아래 끝없이 펼쳐진 잔잔한 수면 위로 간간이 하얀 메밀꽃이 일고 있었다. 시의 힘과 비밀은 바로 여기에 있다.

박병금 시집

기러기떼 비행

2014년 6월 20일 초판1쇄인쇄
2014년 6월 27일 초판1쇄발행

지은이 박 병 금
발행인 이 길 안
발행처 세종출판사

부산광역시 중구 흑교로71번길 12 (보수동2가)
전화 463-5898, 253-2213~5
팩스 248-4880
E-mail sjpl@chollian.net

등록 제02-01-96

ISBN 978-89-6125-798-5-03810

값 8,000원

이시집은 2014년도 부산문화재단 지역예술창작지원사업의
일부 지원금으로 발간되었습니다.